LES ÉCOLES
DU BOUT DU MONDE

Les patineurs de Saint-Arsène

À Johanne et ses « élèves-athlètes »
de l'école Saint-Arsène...
D. D.

© 2013, Éditions Auzou.
24-32 rue des Amandiers, 75020 PARIS.

Direction générale : Gauthier Auzou ; Responsable éditoriale : Maya Saenz
Création graphique : Alice Nominé
Responsable fabrication : Jean-Christophe Collett ; Fabrication : Amandine Durel

ISBN : 978-2-7338-2428-3
Dépôt légal : septembre 2013. Imprimé en Italie par Grafiche.

Les patineurs de Saint-Arsène

Écrit par Didier Dufresne
Illustré par Caroline Piochon

AUZOU *romans* Pas à pas

1 Un avertissement de M. Tremblay

Un gros bus jaune s'arrête devant une petite maison de brique du boulevard Saint-Laurent, projetant sur le trottoir désert des paquets de neige grise et molle. On est fin mars et Montréal se prépare à sortir de l'hiver. Sous le ciel gris, le redoux grignote les tas de neige sale qui tapissent le bas des murs. Marianne Lachance sort de chez elle en trombe, claque la porte de l'entrée, patauge dans les flaques et saute dans le bus.

— C'était moins une ! plaisante le chauffeur.

Marianne lui répond d'un sourire et file au fond du bus. Son copain Félix a intérêt à lui avoir gardé sa place !

Comme prévu, Félix est là. Le *bâton* de hockey entre les genoux, il ôte son sac de sport du siège voisin et fait signe à Marianne.

— Salut ! Viens donc t'asseoir.

Marianne s'effondre à côté de lui.

— Salut champion !

Félix et Marianne sont dans la même classe depuis toujours. Comme beaucoup de leurs camarades, ils sont nés des patins à glace aux pieds. Marianne pratique le patinage artistique. Félix lui, c'est le hockey. À dix ans, il est déjà persuadé qu'il sera bientôt une star de la glace. C'est un fan des « Canadiens » de Montréal et il pense bien un jour avoir sa place dans l'équipe. Mais, pour l'instant, il a bien d'autres chats à fouetter...

— Tu as terminé ton devoir de français ? lui demande Marianne.

— Oui ! Mais ça n'a pas été facile ! J'y ai passé des heures. J'espère cette fois que j'aurai la moyenne !

Il sort une feuille de copie, couverte d'une écriture irrégulière et maladroite, et la montre à Marianne en s'excusant :

— L'écriture, c'est pas mon fort. Pourtant, je te jure que je me suis vraiment appliqué !

— Mme Gagnon a une bonne vue, ricane Marianne. Elle saura déchiffrer tes hiéroglyphes. Enfin... J'espère pour toi !

Félix lève les yeux au ciel :

— Je rêve d'une école où il n'y aurait que trois matières : le sport, le sport... et le sport !

— C'est ça, se moque Marianne, tout dans les biceps et rien dans la caboche !

Le bus quitte le boulevard Saint-Laurent, s'engage dans la rue Jean Talon puis bifurque à gauche dans l'avenue Christophe Colomb pour enfin s'arrêter devant l'école, dans une gerbe de neige fondue. La porte s'ouvre en chuintant et les premiers passagers sautent sur le trottoir.

— Bonne journée, les enfants ! lance le chauffeur. Et ne faites pas trop enrager M. Tremblay !

M. Tremblay, c'est le directeur de l'école Saint-Arsène... Ancien espoir du club des « Sénateurs » d'Ottawa, il a été choisi pour diriger l'école qui accueille des élèves-athlètes. Sa carrure impressionnante n'incite pas à désobéir, mais il se sert plus de son humour que de ses muscles pour diriger son école. Les élèves l'apprécient beaucoup et Félix lui envie sa musculature, intacte malgré ses cheveux gris ! M. Tremblay est d'ailleurs planté devant la façade de brique de l'école et surveille l'entrée. Les bras croisés, il accueille chacun avec un petit mot. Pour Marianne, c'est seulement un « Bonjour, Marianne ! » Pour Félix, c'est différent.

— Approchez monsieur Roy, dit le directeur avec un sourire ironique.

Tête baissée, Félix s'avance.

— Bonjour m'sieur, marmonne-t-il.

— Félix, tu te souviens de notre accord, rappelle le directeur. Si tu n'obtiens pas la moyenne à ton devoir de français, tes entraînements avec ton club à la patinoire seront suspendus jusqu'à nouvel ordre, ainsi que toutes les activités sportives. Bien compris ?

— Compris, m'sieur Tremblay, répond Félix.

— Allez, file, maintenant ! s'écrie le directeur en lui tapant sur l'épaule. Et ne fais pas cette tête-là ! Souris un peu, que diable !

Félix rejoint Marianne en traînant les pieds.

— Qu'est-ce qu'il te voulait ? lui demande-t-elle.

— C'est à cause de mes notes de français. Elles sont catastrophiques et si ça continue, je vais être privé d'entraînement.

— *Ayoye !* s'écrie Marianne. Tu es sûr de ton coup, cette fois ?

— Je me suis appliqué, je t'ai dit ! C'est dans la poche !

À l'école Saint-Arsène, Marianne et Félix sont dans l'une des trois classes des « élèves-athlètes ». Le matin est réservé aux études, maths, français, et tout et tout… L'après-midi est entièrement consacré au sport, car la plupart des élèves sont des champions dans leur discipline. Félix est un des meilleurs hockeyeurs juniors du secteur et de nombreux clubs ont l'œil sur lui. Malgré ça, jamais M. Tremblay, Mme Gagnon la prof principale ou M. Simard le prof d'anglais ne tolèreront qu'il délaisse ses études pour le sport. Ici, on ne plaisante pas avec les résultats scolaires !

À Saint-Arsène, il y a aussi des classes « normales » qui accueillent les enfants du quartier. Certains d'entre eux sont parfois un peu jaloux, et Félix s'est déjà entendu traiter de « Gros épais ! », « Cervelle d'oiseau ! » ou de « Gros bras, petit cerveau ! »

2

La colère de Mme Gagnon

Sept heures trente précises, la sonnerie retentit. Marianne et Félix vont se ranger avec leurs camarades de classe. Mme Gagnon arrive à grandes enjambées. Ses talons claquent sur le ciment.

— Elle a l'air en forme ce matin, glisse

Félix à l'oreille de Marianne.

La prof le fusille du regard et lance :

— Félix Roy, si tu as quelque chose d'intéressant à dire, dis-le tout haut, que tout le monde en profite !

Toute la classe éclate de rire. Félix hausse les épaules, bougonne un peu et finit par sourire lui aussi.

— Rien à dire, Félix ? interroge encore Mme Gagnon. Non ? Alors avancez, vous autres !

Le troupeau des élèves suit Mme Gagnon qui s'engouffre dans le couloir. De toute l'école, c'est la plus élégante et la plus jolie. Certains murmurent même que le directeur en est amoureux ! C'est à vérifier...

— Elle m'a dans le collimateur en ce moment, chuchote Félix en accrochant son blouson au porte-manteau.

— Tu l'as bien cherché, aussi, répond Marianne. Tes derniers devoirs étaient nuls et tu n'écoutes rien ou presque en classe. Y'a pas que le hockey dans la vie, mon vieux !

— Dans ma vie, si ! J'aime pas écrire...

Mme Gagnon réclame le silence dans le couloir. Puis elle ouvre la porte de la classe :

— Entrez, dit-elle.

Pendant l'heure de cours, Félix tente bien de s'intéresser à l'étude du texte d'un auteur français inconnu. Malgré l'énergie déployée par Mme Gagnon pour rendre palpitantes les aventures d'un gamin projeté dans le futur, sa tête est ailleurs. Il ne pense qu'à des passes décisives, des combinaisons de jeu et aux mille façons d'envoyer la *rondelle* au fond du but ! Il est presque surpris quand la cloche annonce la fin du cours.

— Posez vos devoirs sur mon bureau en sortant, dit Mme Gagnon. Et pensez à lire les chapitres trois et quatre du roman pour demain.

— Je ne pense qu'à ça ! glisse Félix à Marianne en mettant sa feuille sur la pile.

Le cours d'anglais qui suit n'inspire guère Félix. Toutefois, il feint de s'intéresser aux verbes irréguliers que M. Simard, un colosse de plus de six pieds, désigne sur le tableau interactif. Le temps finit par s'écouler, monotone. La cloche libère enfin Félix des ennuyeux verbes irréguliers.

Assis sur un banc, Marianne et Félix bavardent en regardant les autres s'amuser.

Soudain, Mme Gagnon sort de sa classe comme une furie. Elle traverse la cour et se précipite sur Félix en brandissant une copie.

— Qu'est-ce que c'est que ça ? s'écrie-t-elle en collant la feuille sous le nez de Félix. Tu as rendu une feuille blanche ! Cette fois c'en est trop, mon garçon !

Félix se lève, abasourdi, et balbutie :

— Mais m'dame, j'vous jure que...

— Ah non ! coupe Mme Gagnon. N'essaie

pas de te défiler, s'il te plaît !

Attiré par les éclats de voix, le directeur s'approche.

— Qu'a-t-il encore fait, notre ami Félix ? demande-t-il.

— Rien, justement ! Il a rendu une feuille blanche pour son devoir de français, grommelle la prof.

Félix ne trouve rien à dire tant il est stupéfait, mais Marianne ne peut s'empêcher d'intervenir :

— Monsieur Tremblay, Félix avait fait son travail, je vous le jure ! Il me l'a même montré dans le bus.

— Tu ne vas pas t'y mettre toi aussi ! gronde Mme Gagnon.

Marianne rougit. Félix, lui, essaie de se défendre comme il peut.

— C'est vrai, monsieur Tremblay, murmure-t-il, atterré. Je l'avais fait, mon devoir…

— J'aimerais te croire, Félix, soupire le directeur. Mais pour l'instant, les apparences sont contre toi. Tu sais ce que j'avais dit, n'est-ce pas ? Alors, jusqu'à nouvel ordre, et en attendant que cette affaire soit tirée au clair, tu es privé d'entraînement. Quand tes camarades partiront dans leurs clubs, tu resteras là. Tu auras ainsi le temps de faire, ou de refaire, ton devoir de français. Entendu ?

Félix ne comprend rien à ce qui lui arrive. Pour l'instant, il essaie de toutes ses forces de retenir les larmes de rage qui commencent à lui piquer les yeux. Pas question de pleurer devant le petit attroupement d'élèves qui commence à se former autour d'eux.

— Entendu, répond-il en regardant le sol.

— L'incident est clos, déclare alors le directeur en écartant d'un geste les curieux. Allez voir ailleurs si j'y suis, vous autres !

Les élèves se dispersent comme une volée de moineaux. Mme Gagnon retourne dans sa classe et M. Tremblay disparaît dans son bureau. Marianne et Félix se retrouvent seuls. Ils restent un long moment silencieux. C'est Marianne qui parle la première :

— Quelqu'un a remplacé ta feuille par une copie blanche, j'en suis sûre. Mais qui pourrait te vouloir du mal ?

— J'en sais rien ! En tout cas, si je trouve celui qui a fait ça, je l'assomme !

3   Ce pot de colle d'Émile Pelletier !

La cloche annonce la fin de la récréation. Marianne se dresse et dit :

— Il faut absolument découvrir celui qui a fait le coup ! Et pour ça, tu peux compter sur moi... Je vais faire une enquête et te le trouver, moi, le *ti-cul* qui a fait ça !

Devant l'air féroce de Marianne, Félix ne peut s'empêcher de sourire :

— OK ! Je t'engage comme détective privé, miss Marianne. En attendant, retournons vite en classe. Dans mon cas, il vaut mieux que je ne sois pas en retard !

À la fin des cours, Marianne rejoint ses camarades dans le bus qui les conduit à la patinoire. Elle nettoie la vitre embuée d'un revers de manche et envoie un petit salut de la main à Félix, seul dans la cour et la mine sombre. Le bus démarre et Marianne profite du trajet pour réfléchir à l'affaire du devoir de français. Après tout, elle a promis à Félix de mener l'enquête, alors autant commencer tout de suite. Sur son petit carnet, elle note la liste des suspects. Le gros Émile Pelletier

en première ligne ! Il n'est que remplaçant dans l'équipe de Félix, qu'il a toujours cordialement détesté. La voie est libre pour lui maintenant. Il a un mobile parfait pour avoir fait le coup ! En deuxième position, évidemment, Aurélie Paquette ! Toujours en train de traîner dans les parages de Félix, celle-là ! Elle est amoureuse, ça se voit comme le nez au milieu de la figure ! Et comme elle ne fait pas de sport et qu'elle reste à l'école en début d'après-midi, elle a trouvé ce moyen pour avoir Félix à portée de main ! L'idiote ! Marianne souligne son nom en rouge de deux traits rageurs... Et enfin, troisième suspect, le grand Louis Morissette, l'ailier de l'équipe. Le rival de Félix... Il veut être capitaine la saison prochaine, c'est certain. Pour prendre la place de Félix, il est prêt à tout. La saison de hockey se termine bientôt et il a choisi ce moment pour agir. Élémentaire ! Marianne griffonne son nom dans le carnet qu'elle fourre dans sa poche. Trois suspects, il n'en faut pas plus pour commencer l'enquête. Ce soir, elle en est certaine, elle aura démasqué le coupable.

Le bus s'arrête devant la patinoire Maurice Richard. Aujourd'hui, les patineurs artistiques et les hockeyeurs se retrouvent tous ensemble pour s'entraîner. L'occasion pour Marianne d'aller fourrer son nez du côté de Émile et Louis. Elle descend la première et, l'air de rien, s'approche du gros Émile Pelletier, un sourire enjôleur aux lèvres. Un peu étonné, celui-ci ricane :

— Ton petit ami est puni et tu cherches à le remplacer ? Veux-tu devenir *ma blonde* ?

Marianne se retient de rire et répond :

— Ben, comme il ne va pas venir pendant un moment, je me sens un peu seule. Après tout, tu es son remplaçant dans l'équipe.

— Ne me parle plus de c't'équipe ! Je rends mon équipement aujourd'hui. J'ai eu trop de misère sur la glace. Je me suis inscrit au *soccer* pour l'an prochain.

Marianne se renfrogne. Dans ces conditions, Émile n'avait aucun intérêt à faire le coup. Et voilà un suspect qui s'envole ! Le gros Émile, lui, profite de l'occasion pour lui faire sa déclaration. Et tout en lui passant un bras autour de la taille, il murmure :

— Ça te dirait d'aller au Mc Do avec moi ?

Marianne éclate de rire et s'échappe en courant.

— Même pas dans tes rêves, mon gros ! lance-t-elle.

 **Le grand Louis Morissette**

Après l'entraînement, à la sortie des vestiaires, Marianne aperçoit Louis Morissette. Il est en grande conversation avec les gars de son équipe. « Encore en train de se vanter », pense Marianne qui ne l'apprécie guère.

Elle s'approche discrètement du groupe et

tend l'oreille. Qui sait, elle pourra peut-être récolter quelques indices pour son enquête...

Élégamment appuyé sur son *bâton*, le grand Louis parle du sujet qui lui tient le plus à cœur : lui-même !

— Je suis le meilleur, c'est normal que je sois le capitaine, non ? dit-il en interrogeant du regard ses coéquipiers.

Ceux-ci hochent la tête et approuvent.

— C'était Félix ou moi ! Techniquement, je suis supérieur... Et physiquement, je ne vous fais pas un dessin ! ajoute-t-il en bombant le torse.

Les autres gloussent poliment. Dans son coin, Marianne bout de colère. C'est donc lui, ce maudit Morissette, qui a fait punir Félix ! Elle bouscule les garçons qui entourent Louis et se plante devant lui, les poings sur les hanches.

— Tu as toujours voulu la place de Félix, grand vantard ! gronde-t-elle. Tu es prêt à tout pour lui voler son brassard de capitaine. Mais ne crois pas que ça va se passer comme ça. Ce que tu as fait est tout simplement dégoûtant !

Louis, plutôt surpris par l'attaque de Marianne, ne peut s'empêcher de rougir. Et avant que ça ne se remarque, il lance :

— Tirez-vous, vous autres ! Je vais m'expliquer avec la demoiselle.

On ne discute pas les ordres de Louis et ses camarades s'éclipsent en vitesse.

— Alors, Marianne, demande Louis une fois qu'ils sont seuls. C'est quoi ton problème ?

— Mon problème, c'est ce que tu as fait à Félix. Il y avait d'autres moyens plus honnêtes pour devenir capitaine à sa place.

— Qu'est-ce que tu me chantes-là ?

s'étonne Louis. Je n'ai rien fait de malhonnête !

Les yeux de Marianne sont noirs de colère.

— Alors explique-toi ! ordonne-t-elle.

Louis affiche un petit air embarrassé et s'explique sur le ton de la confidence :

— Félix et moi, on n'est pas très copains, je ne t'apprends rien. Ça n'empêche pas que je le respecte. Je peux bien te le dire, entre nous, en hockey, il est plus fort que moi. Je n'ai aucune chance d'être capitaine à sa place. C'est pourquoi j'ai signé chez les « Panthères » de Saint-Jérôme l'an prochain. Là-bas, j'aurai peut-être ma chance. À la rentrée, je change d'école... Je ne vois pas ce que tu peux trouver de malhonnête à ça.

C'est au tour de Marianne de rougir. Elle bafouille une excuse et lui explique en deux mots l'affaire avant de s'éloigner à grands pas. Elle grimpe dans le bus et file s'asseoir au fond. Ridicule ! Elle s'est rendue ridicule... Le gros Émile s'approche alors, pose ses énormes fesses sur le siège voisin et claironne :

— Alors, comment va *ma blonde* ?

Marianne se retourne, le nez contre la vitre, pour ne pas voir la main grasse d'Émile qui lui tend un beignet poisseux. Elle sent les regards des autres lui transpercer le dos. Morte de honte !

5 Le petit copain d'Aurélie Paquette

Le lendemain matin, Marianne se prépare à faire un compte-rendu de son enquête à Félix. Elle qui lui avait promis de découvrir le coupable dans la journée ! Elle se demande maintenant comment elle va bien pouvoir expliquer que celui-ci court toujours et qu'elle n'a réussi qu'à se rendre grotesque... Mais le problème ne se pose pas : Félix n'est pas dans le bus ! Qu'est-ce qui a bien pu se passer ? Et si cette absence avait un rapport avec la disparition du devoir ? Même si ce n'est pas le meilleur des élèves, loin de là, Félix ne manque jamais les cours. Marianne essaie de mettre un peu d'ordre dans ses idées. Décidément cette enquête devient de plus en plus bizarre.

À Saint-Arsène, M. Tremblay accueille les élèves comme à son habitude. Il sourit à Marianne et lui lance :

— Bonjour, Marianne. Tu as perdu ton chevalier servant ?

— Bonjour, monsieur Tremblay. Si vous voulez parler de Félix, il n'était pas dans le bus ce matin.

Le directeur prend un air soucieux et dit :

— Il ne faudrait pas qu'il s'amuse à sécher les cours. Ses notes sont assez désastreuses comme ça. Ça ne va pas arranger ses affaires.

— Il a sans doute une bonne excuse, affirme Marianne. Il est peut-être malade…

— Peut-être... Allez, entre. Il va bien revenir un jour !

Dans la cour, Marianne aperçoit cette gourde d'Aurélie Paquette. Elle va pour lui foncer dessus et la forcer à s'expliquer, mais la peur du ridicule la retient *in extremis*. Marianne ne veut pas que les mésaventures vécues avec Louis et le gros Émile se reproduisent. Elle décide donc de surveiller sa rivale du coin de l'œil.

Aurélie est une grande asperge aux cheveux filasse, aux mâchoires clôturées par un appareil dentaire et qui peut se vanter de porter les *tuques* les plus ridicules de l'école. Sa conversation se réduit à *LOL !*, *Nice !* et *C'est cool !*

Marianne a remarqué depuis quelques semaines ses tentatives de rapprochement avec Félix. C'est plutôt inquiétant. Car malgré son vocabulaire limité et sa démarche de poulpe, allez savoir pourquoi, Aurélie plaît

beaucoup aux garçons ! En ce moment, coiffée d'une *tuque* rose en poil d'on-ne-sait-quoi, Aurélie feuillette le dernier *Vie de Stars* avec ses copines.

« Trop nulle ! » pense Marianne. Et dire que c'est elle qui a sans doute dérobé le devoir de français de Félix... La garce ! Elle ne perd rien pour attendre !

Pendant la récréation du matin, Marianne ne quitte pas Aurélie des yeux, mais il ne se passe rien. C'est seulement à l'heure du repas qu'elle remarque un changement dans son comportement. Elle ne discute plus avec ses copines, jette des regards autour d'elle, l'œil inquiet, comme si elle voulait vérifier que personne ne la surveille. Puis, sans se faire remarquer, ce qui est un exploit pour elle,

elle se dirige vers le portail. Là, persuadée que personne ne la voit, elle envoie des *becs* à un garçon à l'air idiot, coiffé d'une *tuque* à oreilles vert pomme, planté de l'autre côté du boulevard.

Marianne s'approche et pose la main sur l'épaule d'Aurélie.

— C'est ton copain ?

Aurélie se retourne et minaude en battant des cils :

— Ouiiiii ! C'est Kévin ! Il est trop *cool*, non ? Tu n'en parles à personne, hein ! Ce sera notre petit secret...

— Promis, sourit Marianne. Et je vous souhaite beaucoup de bonheur...

— Ouiiiii ! *Nice !*

Aurélie est amoureuse et Félix n'est pas l'élu de son cœur. Encore une piste qui s'évapore ! Marianne enrage. Son enquête piétine et les suspects lui claquent dans les doigts les uns après les autres... Et Félix qui n'est toujours pas là ! La vie de détective, ce n'est pas de tout repos...

6   Le plan de la dernière chance

Ce n'est que le lendemain matin que Marianne retrouve Félix. Il est installé à sa place habituelle, au fond du bus, l'air morose.

— T'étais où ? lui demande-t-elle en s'installant à côté de lui.

— À Saint-Jean-sur-Richelieu.

— Qu'est-ce que tu allais faire là-bas ?

— Mes parents ont reçu une proposition du club de hockey des « Lynx » de Richelieu. Il paraît qu'ils ont entendu parler de moi. Ils ont besoin d'un centre la saison prochaine. Ils ont tout prévu : m'inscrire à l'école, me loger dans un internat, fournir tout l'équipement et participer aux frais...

— Et tu vas y aller ? demande Marianne.

— Tu es folle ! Je n'en ai pas du tout envie. Je suis bien ici, à Montréal...

Marianne est soulagée, mais Félix ajoute :

— Le problème, c'est que mes parents pensent qu'ici je ne travaille pas assez bien. Que là-bas, ils vont me serrer la vis. Ils disent que si je suis interne, je n'irai pas traîner dans les rues avec les copains. Alors ils sont décidés à m'y mettre à la rentrée prochaine si je n'ai pas la moyenne en français.

— Ils sont au courant pour ton dernier devoir ?

Félix secoue la tête :

— Pas encore... Si la Gagnon me met un zéro, adieu Montréal ! Qu'est-ce qu'on peut faire ?

— Mon enquête n'a rien donné. J'ai fait le tour de tous ceux qui auraient pu faire le coup. Rien ! Aucune piste... Et pourtant, quelqu'un a bien remplacé ta copie par une feuille blanche où il y avait juste ton nom ! Mais j'ai bien peur qu'on ne sache jamais qui...

— Alors c'est fichu !

Le bus roule lentement sur l'avenue Christophe Colomb. Félix regarde en silence défiler les immeubles comme s'il les voyait pour la dernière fois. Marianne, elle, est perdue dans des pensées noires.

— Il y aurait bien une solution ! s'écrie-t-elle soudain.

Félix tourne la tête et l'interroge du regard.

— Oui, poursuit Marianne. Tu refais le devoir et on se débrouille pour le remettre dans le casier de Mme Gagnon avec les autres.

Elle croira que ta copie s'était cachée entre deux autres. Et si elle te demande pourquoi tu avais rendu aussi une feuille blanche, tu lui raconteras des niaiseries.

— Et si elle a déjà corrigé les devoirs ?

— Elle nous a dit l'autre fois qu'elle corrigeait toujours ses copies le dimanche. Elle avait même ajouté en riant qu'une journée de congé ce n'était pas de trop pour digérer nos âneries !

— Je suis sûr que la Gagnon va se douter de quelque chose, soupire Félix, mais c'est ma seule chance ! Heureusement, j'ai gardé le brouillon. Je le recopie ce soir et on le remet demain avec les autres...

Le lendemain, Marianne rejoint Félix dans le bus. Elle s'assoit près de lui, un peu inquiète.

— Alors, tu l'as refait, ton devoir ? demande-t-elle.

Félix tapote son sac :

— Il est là, dit-il.

— Montre !

Félix brandit fièrement quelques feuilles couvertes de son écriture irrégulière.

— J'ai eu de la misère à recopier... Qu'est-ce que c'était long ! Même pas eu le temps de jouer à la console !

— Il faut savoir ce qu'on veut ! ricane Marianne. Et puis les consoles, c'est nul !

Félix se lance dans un long discours sur les jeux vidéo que Marianne écoute en levant les yeux au ciel.

— Nous sommes arrivés, *vidéoman* ! s'écrie-t-elle en se levant. Tu dors *icitte* ?

Félix se lève en riant et suit Marianne

jusque dans la cour de l'école. Ils s'approchent du bâtiment. Par la baie vitrée, on aperçoit les professeurs qui boivent du thé ou du café. Félix aperçoit les cheveux bruns de Mme Gagnon. Elle est en grande conversation avec M. Simard.

— Comment faire pour aller dans la salle des professeurs sans se faire repérer ? demande Félix.

Marianne hausse les épaules :

— Je t'avoue que, là, je ne sais pas...

7 Les révélations de Louis Morissette

La cloche ne devrait pas tarder à sonner. Marianne et Félix tournent en rond dans la cour. Ils ont beau se creuser la tête, ils ne parviennent pas à trouver un moyen discret pour entrer dans la salle des professeurs. Une voix retentit soudain dans leur dos :

— Alors, les amoureux, on complote ?

Marianne et Félix se retournent. Le grand Louis Morissette est planté devant eux. Il les dévisage avec un sourire narquois.

— Qu'est-ce que tu me veux, Louis ? grogne Félix.

Louis ricane et sort de son sac une feuille de copie qu'il tend à Félix.

— Ce ne serait pas ça que tu cherches ? ricane-t-il.

— Mais c'est mon devoir de français ! s'écrie Félix en lui arrachant la feuille des mains. Je m'en vais t'assommer !

— Tout doux, mon gars ! dit Louis en reculant d'un pas. Au lieu de me mettre ton poing dans la figure, tu ferais mieux de me remercier !

— Ah bon ? Et pourquoi ?

Louis se lance dans une longue explication :

— Marianne m'a soupçonné l'autre jour de vouloir te voler ta place de capitaine.

— Et j'avais raison, non ? gronde Marianne en désignant la copie.

— Archi-faux ! poursuit Louis. Mais cette histoire m'a intrigué. J'ai un peu cuisiné les gars, j'ai laissé traîner l'oreille dans les vestiaires et j'ai fini par découvrir la vérité. Celui qui a fait ça, c'est Ted Fortier...

— Fortier ? s'étonne Félix. Mais pourquoi ?

— Ses parents le mettent à Saint-Jean-sur-Richelieu l'an prochain. Il va intégrer l'équipe des « Lynx ».

— Je ne vois pas le rapport avec le vol de la copie ? demande Marianne.

— Ben... J'ai eu moi aussi un peu de mal à comprendre au début, mais il a fini par cracher le morceau. Pour faire simple, Félix, tu es son idole...

— Moi ?

— Oui, toi ! Et comme il voulait que tu ailles aussi chez les « Lynx », il a piqué ta copie pour que tu n'aies pas la moyenne et que tu sois puni. Il a aussi envoyé un courriel au président du club des « Lynx » de Richelieu pour demander des informations. Et bien sûr, il a signé de ton nom et donné ton palmarès et ton adresse. C'est pour ça que le club a pris contact avec tes parents.

— Je crois que je commence à comprendre... murmure Félix. Où est-il ce *ti-cul* que je l'aplatisse ?

— Il s'explique dans le bureau de

M. Tremblay. C'est moi qui lui ai conseillé de le faire, sinon je l'écrabouillais. D'ailleurs, le voilà qui sort…

À quelques pas d'eux, Ted referme la porte du bureau du directeur. Il tourne la tête vers les trois camarades, fixe Félix un instant d'un air désolé. Puis il leur tourne le dos et s'éloigne lentement.

— Je vais le massacrer ! s'écrie Félix, prêt à bondir.

Marianne le retient par la manche.

— Ça n'en vaut pas la peine, dit-elle. Regarde-le... Il est pitoyable. Je n'aimerais pas être à sa place. Tu te rends compte, faire tout ça pour que tu restes dans son équipe !

— C'est ça, plains-le ! s'exclame Félix, qui a bien du mal à se calmer.

— Elle a raison, dit Louis. Laisse tomber... Et l'an prochain, on se retrouvera face à face. Moi capitaine des « Panthères » et toi des « Canadiens ».

Félix tend la main à Louis.

— Merci !

— À ton service ! répond Louis en s'éloignant. Salut, les amoureux !

Marianne et Félix se retrouvent seuls.

— Je crois que tu as trouvé un vrai ami, dit Marianne.

— Oui, répond Félix. J'avais mal jugé Louis. C'est un gars bien...

La porte du bureau s'ouvre encore et M. Tremblay s'approche.

— C'est ton devoir de français ? demande-t-il en montrant la feuille que tient Félix.

Félix hoche la tête.

— Je vais le donner à M. Gagnon, dit le directeur. Je lui expliquerai ce qui s'est passé. Ted m'a tout raconté. Ce garçon aura la punition qu'il mérite, mais restez en dehors de tout ça. Ce n'est pas facile pour lui non plus...

Félix lui donne la feuille et le directeur s'éloigne.

— Quelle histoire ! soupire Marianne. Mais c'est terminé maintenant, et le coupable est démasqué. Il ne reste plus qu'à espérer que tu auras la moyenne ! Sinon...

— Parle pas de malheur ! soupire Félix. Un maudit devoir que j'ai recopié deux fois ! Ça ne serait vraiment pas de chance !

FIN

Pars aussi au Viêtnam avec *Les Écoles du bout du monde* !

Didier Dufresne - Caroline Piochon

LES ÉCOLES DU BOUT DU MONDE

Les matelots de la rivière Cai

AUZOU *romans* Pas à pas

Aventure - Mystère

Thanh a un secret, Mai Anh en est certaine !
Ce nouvel élève est bien trop mystérieux à son goût...
Et Mai Anh est si curieuse qu'elle finit par le suivre
dans les **ruelles de Nha Trang**. Découvrant ce que le petit
garçon cache, elle décide de l'aider à **réaliser son rêve**.
Mais un jour, Thanh disparaît. Que lui est-il arrivé ?

Table des matières

Un petit mot de l'auteur et de l'illustratrice

À Montréal, je suis passé un jour sans le savoir devant l'école Saint-Arsène. Je ne savais pas encore que les élèves d'une des classes et leur professeur deviendraient des amis. Tout ça grâce à cette histoire dont ils sont les héros. Si un jour je retourne au Québec, j'irai les voir. J'espère qu'ils me feront visiter leur école pour de vrai !

Didier Dufresne

J'aimerais remercier l'école Saint-Arsène ainsi que Madame Johanne Berthiaume pour son enthousiasme et ses photos qui m'ont aidée à imaginer son école. Je suis très heureuse d'avoir pu voyager en pays québécois à travers cette petite histoire de patineurs.

Caroline Piochon

QUÉBEC